LOI

SUR LA RÉFORME

DE L'ORGANISATION JUDICIAIRE

AVEC LES TABLEAUX Y ANNEXÉS

PROMULGUÉE LE 30 AOUT 1883

Prix : 50 centimes.

PARIS

LIBRAIRIE NOUVELLE DE DROIT ET DE JURISPRUDENCE

ARTHUR ROUSSEAU, ÉDITEUR

14, RUE SOUFFLOT ET RUE TOULLIER, 13

1883

LOI

SUR LA RÉFORME

DE L'ORGANISATION JUDICIAIRE

PARIS. — IMPRIMERIE MOQUET, RUE DES FOSSÉS-SAINT-JACQUES, 11

LOI

SUR LA RÉFORME

L'ORGANISATION JUDICIAIRE

EC LES TABLEAUX Y ANNEXÉS

PROMULGUÉE LE 30 AOUT 1883

Prix : 50 centimes.

PARIS

Librairie nouvelle de Droit et de Jurisprudence

Arthur ROUSSEAU, Éditeur

14, RUE SOUFFLOT ET RUE TOULLIER, 13

1883

LOI

SUR LA RÉFORME DE L'ORGANISATION JUDICIAIRE

PROMULGUÉE LE 30 AOUT 1883

Le Sénat et la Chambre des députés ont adopté.

Le Président de la République promulgue la loi dont la teneur suit :

ART. 1er.

En toute matière, les arrêts des Cours d'appel sont rendus par des magistrats délibérant en nombre impair.

Ils sont rendus par cinq juges au moins, président compris.

Lorsque les membres d'une Cour siégeant dans une affaire seront en nombre pair, le dernier des conseillers dans l'ordre du tableau devra s'abstenir.

Pour le jugement des causes qui doivent être portées aux audiences solennelles, les arrêts sont rendus par neuf juges au moins.

Le tout à peine de nullité.

ART. 2.

Chaque Cour d'appel comprendra le nombre de chambres déterminé au tableau A annexé à la présente loi et sera composé, outre le premier président, du nombre de présidents et de conseillers indiqué au même tableau. Outre les chambres dont le nombre est ainsi déterminé, les Cours comprendront une chambre d'accusation constituée conformément au décret du 12 juin 1880.

Il y aura près de chaque Cour un procureur général, des avocats généraux et substituts, un greffier en chef et des commis greffiers, en nombre déterminé au même tableau.

Si les besoins du service l'exigent, il pourra être formé, par règlement d'administration publique, une chambre temporaire composée de conseillers pris dans d'autres chambres.

Il pourra, aux mêmes conditions, être nommé un deuxième substitut dans les Cours qui, d'après le tableau A, n'en ont qu'un seul.

Art. 3.

Toutes les Cours d'appel, hors celle de Paris, sont assimilées ; toute distinction de classe est supprimée.

Les traitements des magistrats composant les Cours sont fixés ainsi qu'il suit :

A Paris :

Premier président	25.000
Présidents	13.750
Conseillers	11.000
Procureur général	25.000
Avocats généraux	13.200
Substitut	11.000
Greffier en chef.	8.000
Commis greffier	5.000

Dans les autres Cours :

Premier président	18.000
Présidents	10.000
Conseillers	7.000
Procureur général	18.000
Avocats généraux	8.000

1.

Substituts. 6.000
Greffiers en chef 4.200
Commis greffiers 3.500

Art. 4.

Les jugements des tribunaux de première instance sont rendus par des magistrats délibérant en nombre impair.

Ils sont rendus par trois juges au moins. Lorsque les membres d'un tribunal siégeant dans une affaire seront en nombre pair, le dernier des juges dans l'ordre du tableau devra s'abstenir.

Le tout à peine de nullité.

Art. 5.

Les tribunaux seront composés conformément aux indications du tableau B annexé à la présente loi.

En outre, toutes les fois que les besoins du service l'exigeront, il pourra, par un décret rendu en conseil d'État, être créé dans les tribunaux chefs-lieux de Cours d'assises un nouvel emploi de juge. Dans tous les tribunaux, il pourra, suivant les besoins du service, être créé aux mêmes conditions un emploi de substitut.

ART. 6.

Un substitut ou un juge suppléant pourra, si les besoins du service l'exigent, être délégué par le procureur général pour remplir dans le ressort de la Cour, près d'un autre tribunal que celui de sa résidence, les fonctions du ministère public.

ART. 7.

Les tribunaux, celui de la Seine excepté, sont répartis en trois classes.

Les traitements des magistrats des tribunaux sont fixés ainsi qu'il suit :

1° A Paris :

Le président	20.000
Les vice-présidents.	10.000
Les juges d'instruction . . .	10.000
Les juges.	8.000
Le procureur de la République.	20.000

Les substituts 8.000
Le greffier en chef. 6.000
Les commis greffiers 4.000

2° Dans les villes dont la population atteint le chiffre de 80,000 habitants :

Les présidents 10.000
Vice-présidents 7.000
Juges d'instruction . . .   6.500
Juges 6.000
Procureurs. 10.000
Substituts 5.000
Greffiers. 2.400
Commis greffiers. . . .   3.000

Les tribunaux de Nice et de Versailles sont assimilés, au point de vue du traitement des magistrats, aux tribunaux siégeant dans les villes dont la population atteint 80,000 habitants.

3° Dans les villes dont la population atteint le chiffre de 20,000 habitants :

Les présidents 7.000
Vice-présidents 5.500

Juges d'instruction . . .	5.000
Juges.	4.000
Procureurs.	7 000
Substituts	3.500
Greffiers.	1.500
Commis greffiers	2.500

Le tribunal de Chambéry est assimilé, au point de vue du traitement des magistrats, aux tribunaux siégeant dans les villes dont la population atteint 20,000 habitants.

4° Dans les autres villes :

Les présidents	5.000
Vice-présidents	4.000
Juges d'instruction . . .	3.500
Juges.	3.000
Procureurs.	5,000
Substituts	2.800
Greffiers	1.200
Commis greffiers	2.000

Art. 8.

Le tribunal d'Alger est assimilé, au point de vue

du traitement des magistrats, aux tribunaux siégeant dans les villes dont la population atteint 80,000 habitants.

Les membres des tribunaux de Constantine, d'Oran, de Blidah, de Bône et de Tlemcen reçoivent le traitement alloué aux membres des tribunaux siégeant en France dans les villes dont la population atteint 20,000 habitants.

Les traitements des magistrats des tribunaux de Batna, Bougie, Guelma, Mascara, Mostaganem, Orléansville, Philippeville, Sétif, Sidi-bel-Abbès et Tizi-Ouzou sont fixés ainsi qu'il suit :

Présidents	6.000
Juges d'instruction.	4.300
Juges	3.750
Procureurs	6.000
Substituts	3.500

Les dispositions des lois, décrets et ordonnances réglant le traitement des juges suppléants près les tribunaux de l'Algérie, des assesseurs musulmans ou kabyles qui font partie des juridictions algériennes et des interprètes attachés à ces juridictions, continuent à recevoir leur application.

Il n'est apporté aucune modification aux traitements actuels des greffiers près ces tribunaux ; mais ceux des commis greffiers sont augmentés de 500 fr.

ART. 9.

Les traitements des juges de paix, ceux des greffiers près les tribunaux de commerce demeurent, jusqu'à ce qu'il en ait été autrement ordonné, fixés aux chiffres auxquels ils s'élèvent actuellement.

ART. 10.

Ne pourra, à peine de nullité, être appelé à composer la Cour ou le tribunal, tout magistrat titulaire ou suppléant dont l'un des avocats ou avoués représentant l'une des parties intéressées au procès sera parent ou allié jusqu'au troisième degré inclusivement.

ART. 11.

Dans un délai de trois mois, à partir de la promulgation de la présente loi, il sera procédé, par application des règles ci-dessus établies, à la réduction du personnel des Cours d'appel et des tribunaux.

Les éliminations porteront sur l'ensemble du personnel indistinctement.

Le nombre des magistrats éliminés, soit parce qu'ils n'auront pas été maintenus dans les fonctions judiciaires, soit parce qu'ils n'auront pas accepté le poste nouveau qui leur aura été offert, ne pourra dépasser le chiffre des sièges supprimés.

Ne seront pas maintenus, à quelque juridiction qu'ils appartiennent, les magistrats qui, après le 2 décembre 1851, ont fait partie des commissions mixtes.

ART. 12.

Les magistrats qui, par application de la présente loi, n'auront pas été maintenus ou n'auront pas accepté le poste nouveau qui leur aura été offert, recevront à titre de pension de retraite, savoir :

Au-dessus de vingt ans et au-dessous de trente ans de services, la moitié ; au-dessus de dix ans et au-dessous de vingt ans, les deux cinquièmes ; au-dessus de six ans et au-dessous de dix ans, le quart du traitement moyen dont ils ont joui pendant les six dernières années.

Au-dessous de six ans de services, ils recevront le cinquième du traitement moyen dont ils ont joui depuis leur entrée en fonctions.

Les dispositions qui précèdent ne sont pas applicables aux magistrats qui, s'ils restaient en fonctions jusqu'à l'âge fixé par le décret du 1er mars 1852, ne pourraient acquérir droit à pension aux termes de l'art. 5 de la loi du 9 juin 1853, ni invoquer la disposition finale de l'art. 11 de ladite loi pour être admis exceptionnellement à une pension de retraite. Il sera alloué à ces magistrats, jusqu'à cet âge, une indemnité annuelle calculée sur les bases ci-dessus.

Les magistrats qui ne seront pas maintenus auront droit, s'ils comptent plus de trente ans de services et quel que soit leur âge, à un soixantième de leur traitement moyen de retraite par année de service en sus de trente. En aucun cas, les pensions et indemnités servies en exécution des dispositions qui précèdent ne pourront excéder le maximum fixé par la loi du 9 juin 1853.

Art. 13.

La Cour de cassation constitue le conseil supérieur de la magistrature. Elle ne peut statuer en cette qualité que toutes chambres réunies.

Le procureur général près la Cour de cassation re-
présente le Gouvernement devant le conseil supérieur.

Art. 14.

Le conseil supérieur de la magistrature exercera à
l'égard des premiers présidents, présidents de chambre, conseillers de la Cour de cassation et des Cours
d'appel, des présidents, vice-présidents, juges, juges
suppléants des tribunaux de première instance et de
paix, tous les pouvoirs disciplinaires actuellement
dévolus à la Cour de cassation ainsi qu'aux Cours et
tribunaux, conformément aux dispositions de l'arti-
cle 82 du sénatus-consulte du 16 thermidor an X, du
chapitre 7 de la loi du 20 avril 1810 et des art. 4 et 5
du décret du 1er mars 1852.

Toute délibération politique est interdite aux corps
judiciaires.

Toute manifestation ou démonstration d'hostilité
au principe ou à la forme du Gouvernement de la
République est interdite aux magistrats.

L'infraction aux dispositions qui précèdent constitue une faute disciplinaire.

Art. 15.

Après l'expiration de la période de réorganisation prévue à l'art. 11, aucun premier président, président de chambre, conseiller de Cour d'appel, aucun président, vice-président, juge ou juge suppléant des tribunaux de première instance ne pourra être déplacé que sur l'avis conforme du conseil supérieur. Ce déplacement ne devra entraîner, pour le magistrat qui en sera l'objet, aucun changement de fonctions, aucune diminution de classe ni de traitement.

Les magistrats que des infirmités graves et permanentes mettraient hors d'état d'exercer leurs fonctions pourront être mis d'office à la retraite, sur avis conforme du conseil supérieur ; cet avis sera donné dans les formes et conditions prescrites par la loi du 16 juin 1824.

Art. 16.

Le conseil supérieur ne pourra être saisi que par le garde des sceaux et il ne devra statuer ou donner son avis qu'après que le magistrat aura été entendu ou dûment appelé.

Art. 17.

Le garde des sceaux a sur les magistrats de toutes les juridictions civiles et commerciales un droit de surveillance.

Il peut leur adresser une réprimande; cette réprimande est notifiée au magistrat qui en est l'objet par le premier président pour les présidents de chambre, conseillers, présidents, juges et juges suppléants; par le procureur général pour les officiers du ministère public.

Le garde des sceaux peut mander tout magistrat afin de recevoir ses explications sur les faits qui lui sont imputés.

Art. 18.

Les dispositions ci-dessus relatives aux traitements des magistrats recevront leur application à partir du 1er janvier 1884.

Les diminutions de traitement résultant des dispositions des art. 3 et 7 qui précèdent ne seront pas applicables aux magistrats et aux greffiers en fonctions au moment de la promulgation de la présente loi. Ces magistrats continueront à jouir, à titre personnel, du traitement qui leur est alloué aux termes des lois en vigueur.

ART. 19.

Sont abrogés :

L'art. 83 du sénatus consulte du 16 thermidor an X ;

Les art. 51 à 56 de la loi du 20 avril 1810 ;

Les articles de la loi du 16 juin 1824 contraires aux dispositions de l'art. 13 ci-dessus ;

L'art. 3 de l'ordonnance du 27 septembre 1828 ;

Les art. 3 à 6 de la loi du 11 avril 1838 ;

Et, en général, toutes les dispositions antérieures contraires aux dispositions qui précèdent.

La présente loi, délibérée et adoptée par le Sénat et par la Chambre des députés, sera exécutée comme loi de l'Etat.

Fait à Mont-sous-Vaudrey, le 30 août 1883.

JULES GRÉVY.

Par le Président de la République,

Le garde des sceaux,
ministre de la justice et des cultes,

MARTIN-FEUILLÉE.

TABLEAUX LÉGISLATIFS ANNEXÉS A LA LOI
SUR LA RÉFORME DE L'ORGANISATION JUDICIAIRE
Tableau A. — **Cours d'Appel.**

NUMÉROS D'ORDRE	COURS D'APPEL	CHAMBRES	PREMIER PRÉSIDENT	PRÉSIDENTS DE CHAMBRE	CONSEILLERS	PROCUREURS GÉNÉRAUX	AVOCATS GÉNÉRAUX	SUBSTITUTS	GREFFIERS EN CHEF	COMMIS GREFFIERS
1	Paris	9	1	9	62	1	7	11	1	12
2	Alger	4	1	4	24	1	4	4	1	6
3	Aix	3	1	3	19	1	3	2	1	4
4	Bordeaux	3	1	3	19	1	3	2	1	4
5	Douai	3	1	3	19	1	3	2	1	4
6	Lyon	3	1	3	19	1	3	2	1	4
7	Montpellier	3	1	3	19	1	3	2	1	4
8	Rennes	3	1	3	19	1	3	2	1	4
9	Rouen	3	1	3	19	1	3	2	1	4
10	Agen	2	1	2	15	1	2	2	1	3
11	Amiens	2	1	2	15	1	2	2	1	3
12	Besançon	2	1	2	15	1	2	2	1	3
13	Caen	2	1	2	15	1	2	2	1	3
14	Dijon	2	1	2	15	1	2	2	1	3
15	Grenoble	2	1	2	15	1	2	2	1	3
16	Nancy	2	1	2	15	1	2	2	1	3
17	Nîmes	2	1	2	15	1	2	2	1	3
18	Poitiers	2	1	2	15	1	2	2	1	3
19	Riom	2	1	2	15	1	2	2	1	3
20	Toulouse	2	1	2	15	1	2	2	1	3
21	Angers	1	1	1	10	1	1	1	1	2
22	Bastia	1	1	1	8	1	1	1	1	2
23	Bourges	1	1	1	10	1	1	1	1	2
24	Chambéry	1	1	1	9	1	1	1	1	2
25	Limoges	1	1	1	10	1	1	1	1	2
26	Orléans	1	1	1	10	1	1	1	1	2
27	Pau	1	1	1	10	1	1	1	1	2
		63	27	63	451	27	61	59	27	93
				541			147			

Tableau B.
Tribunaux de première instance.

TRIBUNAUX	CHAMBRES	PRÉSIDENTS	VICE-PRÉSIDENTS	JUGES D'INSTRUCTION	JUGES	JUGES SUPPLÉANTS	PROCUREURS	SUBSTITUTS	GREFFIERS	COMMIS GREFFIERS
PARIS.	11	1	11	22	42	20	1	28	1	40

Tribunaux de 1ʳᵉ instance siégeant dans les villes de 80,000 habitants et au-dessus.

TRIBUNAUX	CHAMBRES	PRÉSIDENTS	VICE-PRÉSIDENTS	JUGES D'INSTRUCTION	JUGES	JUGES SUPPLÉANTS	PROCUREURS	SUBSTITUTS	GREFFIERS	COMMIS GREFFIERS
Bordeaux.	4	1	3	3	8	6	1	5	1	5
Le Havre.	2	1	1	1	4	4	1	3	1	2
Lille	3	1	2	2	6	6	1	4	1	3
Lyon	4	1	3	3	8	6	1	6	1	4
Marseille.	4	1	3	3	8	6	1	6	1	4
Nantes	2	1	1	1	4	4	1	3	1	3
Reims.	2	1	1	1	4	3	1	2	1	2
Rouen.	3	1	2	2	6	6	1	3	1	3
St-Etienne	3	1	2	2	5	4	1	3	1	3
Toulouse.	3	1	2	2	5	4	1	3	1	3
Totaux . . .	30	10	20	20	58	49	10	38	10	32

Tribunaux de 1ʳᵉ instance siégeant dans les villes de 20,000 à 80,000 habitants.

TRIBUNAUX	CHAMBRES	PRÉSIDENTS	VICE-PRÉSIDENTS	JUGES D'INSTRUCTION	JUGES	JUGES SUPPLÉANTS	PROCUREURS	SUBSTITUTS	GREFFIERS	COMMIS GREFFIERS
Agen	1	1	»	1	2	2	1	1	1	1
Aix.	1	1	»	1	2	2	1	1	1	1
Alais	1	1	»	1	2	2	1	1	1	1
Albi	1	1	»	1	2	2	1	1	1	2
Alger	3	1	2	2	7	3	1	3	1	3
Amiens	2	1	1	1	4	3	1	2	1	2
Angers	2	1	1	1	4	3	1	2	1	2
Angoulême	2	1	1	1	4	3	1	2	1	2
Arras	1	1	»	1	2	2	1	1	1	1
Avignon	1	1	»	1	2	2	1	1	1	1
Bastia.	1	1	»	1	2	2	1	1	1	1
Besançon.	1	1	»	1	2	2	1	1	1	1

Tribunaux de 1re instance siégeant dans les villes de 20,000 à 80,000 habitants.

(SUITE)

TRIBUNAUX	CHAMBRES	PRÉSIDENTS	VICE-PRÉSIDENTS	JUGES D'INSTRUCTION	JUGES	JUGES SUPPLÉANTS	PROCUREURS	SUBSTITUTS	GREFFIERS	COMMIS GREFFIERS
Béziers	2	1	1	1	4	3	1	2	1	2
Blidah	1	1	»	1	3	»	1	1	1	1
Blois	1	1	»	1	2	2	1	1	1	2
Bône	1	1	»	1	3	2	1	1	1	2
Boulogne	1	1	»	1	2	2	1	1	1	1
Bourges	1	1	»	1	2	2	1	1	1	1
Brest	1	1	»	1	3	2	1	1	1	1
Caen	1	1	»	1	2	2	1	1	1	1
Cambrai	1	1	»	1	2	2	1	1	1	1
Carcassonne	1	1	»	1	2	2	1	1	1	1
Castres	1	1	»	1	2	2	1	1	1	1
Chalon-sur-Saône	1	1	»	1	2	2	1	1	1	2
Châlons-sur-Marne	1	1	»	1	2	2	1	1	1	1
Chartres	1	1	»	1	2	2	1	1	1	2
Châteauroux	1	1	»	1	2	2	1	1	1	1
Cherbourg	1	1	»	1	2	2	1	1	1	2
Clermont-Ferrand	2	1	1	1	4	3	1	2	1	2
Constantine	2	1	1	1	4	3	1	2	1	4
Dieppe	1	1	»	1	2	2	1	1	1	1
Dijon	2	1	1	1	4	3	1	2	1	1
Douai	1	1	»	1	2	2	1	1	1	1
Dunkerque	1	1	»	1	2	2	1	1	1	2
Grenoble	2	1	1	1	4	3	1	2	1	2
Laval	1	1	»	1	2	2	1	1	1	2
Le Mans	2	1	1	1	3	2	1	1	1	2
Limoges	2	1	1	1	4	3	1	2	1	1
Lorient	1	1	»	1	2	2	1	1	1	2
Montauban	1	1	»	1	2	2	1	1	1	1
Montluçon	1	1	»	1	1	2	1	1	1	2
Montpellier	2	1	1	1	4	3	1	2	1	2
Moulins	1	1	»	1	2	2	1	1	1	2
Nancy	2	1	1	1	4	3	1	2	1	1
Narbonne	1	1	»	1	2	2	1	1	1	2
Nevers	1	1	»	1	2	2	1	1	1	2
Nice	2	1	1	1	4	3	1	2	1	2

TRIBUNAUX	CHAMBRES	PRÉSIDENTS	VICE-PRÉSIDENTS	JUGES D'INSTRUCTION	JUGES	JUGES SUPPLÉANTS	PROCUREURS	SUBSTITUTS	GREFFIERS	COMMIS GREFFIERS

Tribunaux de 1re instance siégeant dans les villes de 20,000 à 80,000 habitants.
(SUITE)

TRIBUNAUX	CHAMBRES	PRÉSIDENTS	VICE-PRÉSIDENTS	JUGES D'INSTRUCTION	JUGES	JUGES SUPPLÉANTS	PROCUREURS	SUBSTITUTS	GREFFIERS	COMMIS GREFFIERS
Nîmes	2	1	1	1	4	3	1	2	1	2
Niort	1	1	»	1	2	2	1	1	1	2
Oran	2	1	1	1	4	3	1	2	1	4
Orléans	1	1	»	1	2	2	1	1	1	1
Pau	1	1	»	1	2	2	1	1	1	1
Périgueux	2	1	1	1	4	3	1	2	1	2
Perpignan	1	1	»	1	2	2	1	1	1	2
Poitiers	1	1	»	1	2	2	1	1	1	1
Rennes	2	1	1	1	4	3	1	2	1	2
Roanne	1	1	»	1	2	2	1	1	1	1
Rochefort	1	1	»	1	2	2	1	1	1	1
Rochelle (La)	1	1	»	1	1	2	1	1	1	1
Saint-Quentin	1	1	»	1	2	2	1	1	1	1
Saint-Omer	1	1	»	1	2	2	1	1	1	2
Tarbes	2	1	1	1	3	2	1	1	1	2
Tlemcen	1	1	»	1	3	2	1	1	1	1
Toulon	1	1	»	1	3	2	1	1	1	1
Tours	2	1	1	1	4	3	1	2	1	2
Troyes	1	1	»	1	2	2	1	1	1	2
Valenciennes	1	1	»	1	2	2	1	1	1	1
Versailles	2	1	1	2	4	4	1	2	1	4
Vienne	1	1	»	1	2	2	1	1	1	1
Valence	2	1	1	1	4	3	1	2	1	2
Totaux	93	70	23	72	188	54	70	91	70	113

Tribunaux de 1re instance siégeant dans les villes de moins de 20,000 habitants.

TRIBUNAUX	CHAMBRES	PRÉSIDENTS	VICE-PRÉSIDENTS	JUGES D'INSTRUCTION	JUGES	JUGES SUPPLÉANTS	PROCUREURS	SUBSTITUTS	GREFFIERS	COMMIS GREFFIERS
Abbeville	1	1	»	1	1	2	1	1	1	1
Ajaccio	1	1	»	1	1	2	1	1	1	1
Albertville	1	1	»	1	1	2	1	1	1	1
Alençon	1	1	»	1	2	2	1	1	1	2
Ambert	1	1	»	1	1	2	1	»	1	1
Ancenis	1	1	»	1	1	2	1	»	1	1
Andelys (Les)	1	1	»	1	1	2	1	1	1	1

Tribunaux de 1re instance siégeant dans les villes de moins de 20,000 habitants.

(SUITE)

TRIBUNAUX	CHAMBRES	PRÉSIDENTS	VICE-PRÉSIDENTS	JUGES D'INSTRUCTION	JUGES	JUGES SUPPLÉANTS	PROCUREURS	SUBSTITUTS	GREFFIERS	COMMIS GREFFIERS
Annecy	2	1	1	1	4	3	1	2	1	2
Apt	1	1	»	1	1	2	1	1	1	1
Arbois	1	1	»	1	1	2	1	»	1	1
Arcis-sur-Aube	1	1	»	1	1	2	1	1	1	1
Argentan	1	1	»	1	1	2	1	»	1	1
Aubusson	1	1	»	1	2	2	1	1	1	2
Auch	1	1	»	1	1	2	1	1	1	1
Aurillac	1	1	»	1	1	2	1	1	1	1
Autun	1	1	»	1	2	2	1	1	1	2
Auxerre	1	1	»	1	1	2	1	»	1	1
Avallon	2	1	1	1	4	3	1	1	1	2
Avesnes	1	1	»	1	1	2	1	»	1	1
Avranches	1	1	»	1	1	2	1	1	1	1
Bagnères	1	1	»	1	1	2	1	»	1	1
Barbezieux	1	1	»	1	1	2	1	»	1	1
Barcelonette	1	1	»	1	1	2	1	1	1	1
Bar-le-Duc	1	1	»	1	1	2	1	1	1	1
Bar-sur-Aube	1	1	»	1	1	2	1	»	1	1
Bar-sur-Seine	1	1	»	1	3	»	1	1	1	1
Batna	1	1	»	1	1	2	1	1	1	1
Baugé	1	1	»	1	1	2	1	1	1	1
Baume	1	1	»	1	2	2	1	1	1	1
Bayeux	1	1	»	1	2	2	1	1	1	1
Bayonne	1	1	»	1	1	2	1	»	1	1
Bazus	1	1	»	1	2	2	1	1	1	1
Beaune	1	1	»	1	2	2	1	1	1	2
Beauvais	1	1	»	1	2	2	1	1	1	1
Belfort	1	1	»	1	1	2	1	»	»	1
Bellac	1	1	»	1	1	2	1	»	»	1
Belley	1	1	»	1	1	2	1	1	1	1
Bergerac	1	1	»	1	1	2	1	1	1	1
Bernay	1	1	»	1	2	2	1	1	1	1
Béthune	1	1	»	1	1	2	1	»	»	1
Blanc (Le)	1	1	»	1	1	2	1	»	»	1
Blaye	1	1	»	1	1	2	1	»	»	1

Tribunaux de 1re instance siégeant dans les villes de moins de 20,000 habitants.
(SUITE)

TRIBUNAUX	CHAMBRES	PRÉSIDENTS	VICE-PRÉSIDENTS	JUGES D'INSTRUCTION	JUGES	JUGES SUPPLÉANTS	PROCUREURS	SUBSTITUTS	GREFFIERS	COMMIS GREFFIERS
Bonneville	1	1	»	1	1	2	1	1	1	1
Bougie	1	1	»	1	3	»	1	1	1	2
Bourg	1	1	»	1	2	2	1	1	1	1
Bourganeuf	1	1	»	1	1	2	1	»	1	1
Bourgoin	1	1	»	1	1	2	1	»	1	1
Bressuire	1	1	»	1	1	2	1	»	1	1
Briançon	1	1	»	1	1	2	1	»	1	1
Briey	1	1	»	1	1	2	1	»	1	1
Brignoles	1	1	»	1	1	2	1	»	1	1
Brioude	1	1	»	1	1	2	1	»	1	1
Brive	1	1	»	1	2	2	1	1	1	2
Cahors	1	1	»	1	2	2	1	»	1	2
Calvi	1	1	»	1	1	2	1	»	1	2
Carpentras	1	1	»	1	2	2	1	1	1	2
Castellane	1	1	»	1	1	2	1	»	1	1
Castelnaudary	1	1	»	1	1	2	1	»	1	1
Castelsarrasin	1	1	»	1	1	2	1	»	1	1
Céret	1	1	»	1	1	2	1	»	1	2
Chambéry	2	1	1	1	4	3	1	2	1	2
Chambon	1	1	»	1	1	2	1	»	1	1
Charleville	1	1	»	1	2	2	1	1	1	1
Charolles	1	1	»	1	1	2	1	»	1	1
Châteaubriant	1	1	»	1	1	2	1	»	1	1
Château-Chinon	1	1	»	1	1	2	1	»	1	1
Châteaudun	1	1	»	1	1	2	1	»	1	1
Château-Gontier	1	1	»	1	1	2	1	»	1	1
Châteaulin	1	1	»	1	1	2	1	»	1	1
Château-Thierry	1	1	»	1	1	2	1	1	1	1
Châtellerault	1	1	»	1	1	2	1	»	1	1
Châtillon-sur-Seine	1	1	»	1	1	2	1	»	1	1
Châtre (La)	1	1	»	1	1	2	1	1	1	2
Chaumont	1	1	»	1	2	2	1	»	1	1
Chinon	1	1	»	1	1	2	1	»	1	1
Cholet	1	1	»	1	1	2	1	»	1	1

Tribunaux de 1re instance siégeant dans les villes de moins de 20,000 habitants.

(SUITE)

TRIBUNAUX	CHAMBRES	PRÉSIDENTS	VICE-PRÉSIDENTS	JUGES D'INSTRUCTION	JUGES	JUGES SUPPLÉANTS	PROCUREURS	SUBSTITUTS	GREFFIERS	COMMIS GREFFIERS
Civray	1	1	»	1	1	2	1	»	1	1
Clamecy	1	1	»	1	1	2	1	1	1	1
Clermont (Oise)	1	1	»	1	1	2	1	1	1	1
Cognac	1	1	»	1	1	2	1	1	1	1
Compiègne	1	1	»	1	1	2	1	1	1	1
Condom	1	1	»	1	1	2	1	»	1	1
Confolens	1	1	»	1	1	2	1	1	1	1
Corbeil	1	1	»	1	1	2	1	1	1	1
Corte	1	1	»	1	1	2	1	»	1	1
Cosne	1	1	»	1	1	2	1	»	1	2
Coulommiers	1	1	»	1	2	2	1	1	1	2
Coutances	1	1	»	1	1	2	1	»	1	1
Cusset	1	1	»	1	1	2	1	1	1	1
Dax	1	1	»	1	1	2	1	»	1	1
Die	1	1	»	1	2	2	1	1	1	2
Digne	1	1	»	1	1	2	1	»	1	1
Dinan	1	1	»	1	2	2	1	1	1	1
Dôle	1	1	»	1	1	2	1	»	1	1
Domfront	1	1	»	1	1	2	1	»	1	2
Doullens	1	1	»	1	2	2	1	1	1	2
Draguignan	1	1	»	1	1	2	1	1	1	2
Dreux	1	1	»	1	1	2	1	»	1	1
Embrun	1	1	»	1	1	2	1	1	1	2
Epernay	1	1	»	1	1	2	1	1	1	2
Épinal	1	1	»	1	1	2	1	1	1	1
Espalion	1	1	»	1	1	2	1	»	1	2
Étampes	1	1	»	1	2	2	1	1	1	2
Evreux	1	1	»	1	1	2	1	»	1	1
Falaise	1	1	»	1	1	2	1	»	1	1
Figeac	1	1	»	1	1	2	1	1	1	1
Flèche (La)	1	1	»	1	1	2	1	»	1	2
Florac	1	1	»	1	2	2	1	1	1	2
Foix	1	1	»	1	2	2	1	1	1	1
Fontainebleau	1	1	»	1	1	2	1	1	1	1
Fontenay-le-Comte	1	1	»	1	1	2	1	2	1	1

TRIBUNAUX	CHAMBRES	PRÉSIDENTS	VICE-PRÉSIDENTS	JUGES D'INSTRUCTION	JUGES	JUGES SUPPLÉANTS	PROCUREURS	SUBSTITUTS	GREFFIERS	COMMIS GREFFIERS

Tribunaux de 1re instance siégeant dans les villes de moins de 20,000 habitants.
(SUITE)

TRIBUNAUX	CHAMBRES	PRÉSIDENTS	VICE-PRÉSIDENTS	JUGES D'INSTRUCTION	JUGES	JUGES SUPPLÉANTS	PROCUREURS	SUBSTITUTS	GREFFIERS	COMMIS GREFFIERS
Forcalquier	1	1	»	1	1	2	1	1	1	1
Fougères	1	1	»	1	1	2	1	»	1	1
Gaillac	1	1	»	1	1	2	1	»	1	1
Gannat	1	1	»	1	1	2	1	1	1	2
Gap	1	1	»	1	2	2	1	»	1	1
Gex	1	1	»	1	1	2	1	»	1	1
Gien	1	1	»	1	1	2	1	»	1	1
Gourdon	1	1	»	1	1	2	1	1	1	1
Grasse	1	1	»	1	1	2	1	1	1	1
Gray	1	1	»	1	1	2	1	1	1	1
Guelma	1	1	»	1	3	»	1	1	1	2
Guéret	1	1	»	1	2	2	1	»	1	1
Guingamp	1	1	»	1	1	2	1	1	1	1
Hazebrouck	1	1	»	1	1	2	1	1	1	1
Issoire	1	1	»	1	1	2	1	1	1	1
Issoudun	1	1	»	1	1	2	1	»	1	1
Joigny	1	1	»	1	1	2	1	»	1	1
Jonzac	1	1	»	1	1	2	1	»	1	1
Langres	1	1	»	1	1	2	1	1	1	1
Lannion	1	1	»	1	1	3	1	2	1	2
Laon	2	1	1	1	4	3	1	1	1	2
Largentière	1	1	»	1	1	2	1	»	1	1
Lavaur	1	1	»	1	1	2	1	»	1	1
Lectoure	1	1	»	1	1	2	1	»	1	1
Lesparre	1	1	»	1	2	2	1	1	1	1
Libourne	1	1	»	1	1	2	1	»	1	1
Limoux	1	1	»	1	1	2	1	1	1	1
Lisieux	1	1	»	1	1	2	1	»	1	1
Loches	1	1	»	1	1	2	1	»	1	1
Lodève	1	1	»	1	2	2	1	»	1	1
Lombez	1	1	»	1	1	2	1	1	1	2
Lons-le-Saulnier	1	1	»	1	1	2	1	»	1	1
Loudéac	1	1	»	1	1	2	1	»	1	1
Loudun	1	1	»	1	2	2	1	»	1	1
Louhans	1	1	»	1	1	2	1	»	1	1

2.

Tribunaux de 1ʳᵉ instance siégeant dans les villes de moins de 20,000 habitants.

(SUITE)

TRIBUNAUX	CHAMBRES	PRÉSIDENTS	VICE-PRÉSIDENTS	JUGES D'INSTRUCTION	JUGES	JUGES SUPPLÉANTS	PROCUREURS	SUBSTITUTS	GREFFIERS	COMMIS GREFFIERS
Lourdes	1	1	»	1	1	2	1	»	1	1
Louviers	1	1	»	1	1	2	1	1	1	1
Lunéville	1	1	»	1	1	2	1	1	1	1
Lure	1	1	»	1	2	2	1	1	1	1
Mâcon	1	1	»	1	1	2	1	1	1	1
Mamers	1	1	»	1	1	2	1	»	1	1
Mantes	1	1	»	1	1	2	1	»	1	1
Marennes	1	1	»	1	1	2	1	1	1	1
Marmande	1	1	»	1	2	2	1	»	1	1
Marvejols	1	1	»	1	1	»	1	1	1	1
Mascara	1	1	»	1	3	2	1	»	1	1
Mauriac	1	1	»	1	1	2	1	1	1	1
Mayenne	1	1	»	1	1	2	1	1	1	1
Meaux	1	1	»	1	2	2	1	»	1	1
Melle	1	1	»	1	1	2	1	1	1	2
Melun	1	1	»	1	2	2	1	1	1	1
Mende	1	1	»	1	2	2	1	»	1	1
Milhau	1	1	»	1	1	2	1	1	1	1
Mirande	1	1	»	1	1	2	1	»	1	1
Mirecourt	1	1	»	1	1	2	1	1	1	1
Moissac	1	1	»	1	1	2	1	1	1	1
Montargis	1	1	»	1	1	2	1	»	1	1
Montbéliard	1	1	»	1	1	2	1	2	1	1
Montbrison	2	1	1	1	4	2	1	1	1	2
Mont-de-Marsan	1	1	»	1	3	2	1	»	1	1
Montdidier	1	1	»	1	1	2	1	»	1	1
Montélimart	1	1	»	1	1	2	1	»	1	1
Montfort	1	1	»	1	1	2	1	»	1	1
Montmédy	1	1	»	1	1	2	1	»	1	1
Montmorillon	1	1	»	1	1	2	1	»	1	1
Montreuil-sur-Mer	1	1	»	1	1	2	1	»	1	1
Morlaix	1	1	»	1	1	2	1	»	1	1
Mortagne	1	1	»	1	1	2	1	»	1	1
Mortain	1	1	»	1	1	»	1	1	1	1
Mostaganem	1	1	»	1	3	»	1	1	1	1

Tribunaux de 1re instance siégeant dans les villes de moins de 20,000 habitants.

(SUITE)

TRIBUNAUX	CHAMBRES	PRÉSIDENTS	VICE-PRÉSIDENTS	JUGES D'INSTRUCTION	JUGES	JUGES SUPPLÉANTS	PROCUREURS	SUBSTITUTS	GREFFIERS	COMMIS GREFFIERS
Moutiers	1	1	»	1	1	2	1	»	1	1
Murat	1	1	»	1	1	2	1	»	1	1
Muret	1	1	»	1	1	2	1	»	1	1
Nantua	1	1	»	1	1	3	1	1	1	1
Nérac	1	1	»	1	1	2	1	»	1	1
Neufchâteau	1	1	»	1	1	2	1	»	1	1
Neufchâtel	1	1	»	1	1	2	1	1	1	1
Nogent-le-Rotrou	1	1	»	1	1	2	1	»	1	1
Nogent-sur-Seine	1	1	»	1	1	2	1	»	1	1
Noutron	1	1	»	1	1	2	1	»	1	1
Nyons	1	1	»	1	1	2	1	»	1	1
Oloron	1	1	»	1	1	2	1	»	1	1
Orange	1	1	»	1	1	2	1	»	1	1
Orléansville	1	1	»	1	3	»	1	1	1	1
Orthez	1	1	»	1	1	2	1	»	1	1
Paimbœuf	1	1	»	1	1	2	1	»	1	1
Pamiers	1	1	»	1	1	2	1	»	1	1
Parthenay	1	1	»	1	1	2	1	»	1	1
Péronne	1	1	»	1	1	2	1	»	1	1
Philippeville	1	1	»	1	3	»	1	1	1	1
Pithiviers	1	1	»	1	1	2	1	»	1	1
Ploërmel	1	1	»	1	1	2	1	»	1	1
Pontarlier	1	1	»	1	1	2	1	1	1	1
Pont-Audemer	1	1	»	1	1	2	1	1	1	1
Pontivy	1	1	»	1	1	2	1	»	1	1
Pont-l'Evêque	1	1	»	1	1	3	1	»	1	2
Pontoise	2	1	1	1	4	3	1	1	1	1
Prades	1	1	»	1	1	2	1	1	1	1
Privas	1	1	»	1	2	2	1	1	1	1
Provins	1	1	»	1	1	3	1	»	1	2
Puy (Le)	2	1	1	1	4	3	1	2	1	2
Quimper	1	1	»	1	2	2	1	1	1	1
Quimperlé	1	1	»	1	1	2	1	»	1	1
Rambouillet	1	1	»	1	1	2	1	1	1	1
Redon	1	1	»	1	1	2	1	»	1	1

Tribunaux de 1ᵉ instance siégeant dans les villes de moins de 20,000 habitants.

(SUITE)

TRIBUNAUX	CHAMBRES	PRÉSIDENTS	VICE-PRÉSIDENTS	JUGES D'INSTRUCTION	JUGES	JUGES SUPPLÉANTS	PROCUREURS	SUBSTITUTS	GREFFIERS	COMMIS GREFFIERS
Remiremont	1	1	»	1	1	2	1	1	1	1
Riom	1	1	»	1	2	2	1	1	1	1
Rethel	1	1	»	1	1	2	1	»	1	1
Ribérac	1	1	»	1	1	2	1	»	1	1
Réole (La)	1	1	»	1	1	2	1	»	1	1
Rochechouart	1	1	»	1	1	2	1	»	1	1
Roche-sur-Yon (La)	1	1	»	1	2	2	1	1	1	2
Rocroy	1	1	»	1	1	2	1	»	1	2
Rodez	2	1	1	1	3	2	1	1	1	1
Romorantin	1	1	»	1	1	2	1	»	1	1
Ruffec	1	1	»	1	1	2	1	»	1	1
Sables-d'Olonnes (Les)	1	1	»	1	1	2	1	»	1	1
Saint-Affrique	1	1	»	1	1	2	1	»	1	1
Saint-Amand	1	1	»	1	1	2	1	»	1	1
Saint-Calais	1	1	»	1	1	2	1	»	1	1
Saint-Claude	1	1	»	1	1	2	1	»	1	2
Saint-Brieuc	1	1	»	1	2	2	1	1	1	1
Saint-Dié	1	1	»	1	2	2	1	1	1	2
Saint-Flour	1	1	»	1	2	2	1	1	1	2
Saint-Gaudens	2	1	1	1	4	3	1	1	1	1
Saint-Girons	1	1	»	1	1	2	1	1	1	1
Saint-Jean-d'Angély	1	1	»	1	1	2	1	»	1	1
St-Jean-de-Maurienne	1	1	»	1	1	2	1	»	1	1
Saint-Julien	1	1	»	1	1	2	1	1	1	1
Saint-Lô	1	1	»	1	1	2	1	1	1	1
Saint-Malo	1	1	»	1	1	2	1	1	1	1
Saint-Marcellin	1	1	»	1	1	2	1	»	1	2
Saint-Mihiel	1	1	»	1	2	2	1	1	1	1
Saint-Nazaire	1	1	»	1	1	2	1	1	1	1
Saint-Palais	1	1	»	1	1	2	1	»	1	1
Saint-Pol	1	1	»	1	1	2	1	»	1	1
Saint-Pons	1	1	»	1	1	2	1	»	1	1
Saint-Sever	1	1	»	1	1	2	1	»	1	1
Saint-Yrieix	1	1	»	1	1	2	1	»	1	1
Sainte-Menehould	1	1	»	1	1	2	1	»	1	1

Tribunaux de 1re instance siégeant dans les villes de moins de 20,000 habitants.

(SUITE)

TRIBUNAUX	CHAMBRES	PRÉSIDENTS	VICE-PRÉSIDENTS	JUGES D'INSTRUCTION	JUGES	JUGES SUPPLÉANTS	PROCUREURS	SUBSTITUTS	GREFFIERS	COMMIS GREFFIERS
Saintes	1	1	»	1	2	2	1	1	1	2
Sancerre	1	1	»	1	1	2	1	»	1	1
Sarlat	1	1	»	1	1	2	1	1	1	1
Sartène	1	1	»	1	1	2	1	»	1	1
Saumur	1	1	»	1	1	2	1	1	1	1
Sedan	1	1	»	1	1	2	1	»	1	1
Segré	1	1	»	1	1	2	1	»	1	1
Semur	1	1	»	1	2	2	1	1	1	1
Seulis	1	1	»	1	1	2	1	1	1	1
Sens	1	1	»	1	3	»	1	1	1	1
Sétif	1	1	»	1	3	»	1	1	1	1
Sidi-bel-Abbès	1	1	»	1	1	2	1	»	1	1
Sisteron	1	1	»	1	1	2	1	»	1	1
Soissons	1	1	»	1	1	2	1	»	1	1
Tarascor	1	1	»	1	2	2	1	1	1	1
Thiers	1	1	»	1	1	2	1	1	1	1
Thonon	1	1	»	1	3	1	1	1	1	1
Tizi-Ouzou	1	1	»	1	1	2	1	»	1	1
Tonnerre	1	1	»	1	1	2	1	»	1	1
Toul	1	1	»	1	1	2	1	1	1	1
Tournon	1	1	»	1	1	2	1	1	1	1
Trévoux	1	1	»	1	1	2	1	1	1	2
Tulle	2	1	1	1	4	3	1	1	1	1
Ussel	1	1	»	1	1	2	1	»	1	1
Uzès	1	1	»	1	1	2	1	»	1	1
Valognes	1	1	»	1	1	2	1	1	1	2
Vannes	1	1	»	1	2	2	1	1	1	1
Vassy	1	1	»	1	1	2	1	»	1	1
Vendôme	1	1	»	1	1	2	1	»	1	1
Verdun	1	1	»	1	1	2	1	1	1	1
Vervins	1	1	»	1	1	2	1	1	1	2
Vesoul	1	1	»	1	2	2	1	»	1	1
Vigan (Le)	1	1	»	1	1	2	1	1	1	1
Villefranche (Aveyron)	1	1	»	1	2	2	1	»	1	1
Villefranche (H.-Gar.)	1	1	»	1	1	2	1	»	1	1

Tribunaux de 1ʳᵉ instance siégeant dans les villes de moins de 20,000 habitants.

(SUITE)

TRIBUNAUX	CHAMBRES	PRÉSIDENTS	VICE-PRÉSIDENTS	JUGES D'INSTRUCTION	JUGES	JUGES SUPPLÉANTS	PROCUREURS	SUBSTITUTS	GREFFIERS	COMMIS GREFFIERS
Villefranche (Rhône) . .	1	1	»	1	2	2	1	»	1	1
Villeneuve-sur-Lot . .	1	1	»	1	1	2	1	»	1	1
Vire	1	1	»	1	1	2	1	»	1	1
Vitré	1	1	»	1	1	2	1	»	1	1
Vitry-le-François . . .	1	1	»	1	1	2	1	»	1	1
Vouziers	1	1	»	1	1	2	1	»	1	1
Yssingeaux	1	1	»	1	1	2	1	»	1	1
Yvetot	1	1	»	1	1	2	1	»	1	1
Totaux . . .	304	294	10	294	393	581	294	139	294	332

Vu pour être annexé à la loi sur la réforme de l'organisation judiciaire.

Le Président de la République française,

JULES GRÉVY.

Par le Président de la République

Le garde des sceaux,
ministre de la justice et des cultes,

MARTIN-FEUILLÉE.

PARIS. — IMPRIMERIE MOQUET, RUE DES FOSSÉS-SAINT-JACQUES, 11